Inhalt

Umsetzung von Compliance Vorschriften - ist die Einführung einer Whistleblower-Hotline sinnvoll?

Kernthesen

Beitrag

Fallbeispiele

Weiterführende Literatur

Impressum

GENIOS WirtschaftsWissen Nr. 03/2008 vom 13.03.2008

Umsetzung von Compliance Vorschriften - ist die Einführung einer Whistleblower-Hotline sinnvoll?

I.Lukmann

Kernthesen

- Korruptionsskandale in der vergangenen Zeit haben gezeigt, dass fehlende oder fehlerhafte Compliance-Systeme Unternehmen Millionen Strafgelder kosten können und zudem zu nachhaltigen Imageschäden und damit verbundenen

Umsatzrückgängen führen können.
- Die Notwendigkeit, so genannte Compliance Richtlinien bzw. Systeme einzuführen, wird daher von immer mehr Unternehmen erkannt. Dabei geht es in diesen Konzepten und Systemen im Allgemeinen um die Einhaltung von Rechtstreue der Unternehmensführung und aller Beschäftigten einer Unternehmung.
- Das Thema Compliance ist facettenreich: Unter Anderem werden Aspekte der Corporate Compliance, der IT-Compliance, der umweltrechtlichen Compliance sowie der arbeitsrechtlichen Compliance in diesem Zusammenhang betrachtet.

Beitrag

In Deutschland gewinnt das Thema Compliance zunehmend an Bedeutung. Experten erwarten, dass mit komplexer werdenden Marktregulierungen dieser Trend weiter zunehmen wird. Berichterstattungen aus der Presse vermitteln zunächst den Eindruck, dass in vielen Unternehmen Korruptionsfälle zugenommen haben. Es stellt dich die Frage, wie und in welchem Umfang Unternehmen Compliance einführen sollten, damit sich keine Korruptionsfälle ereignen beziehungsweise sich keine wiederholen können.

Definition Compliance Management

In den 80-er Jahren ist der Begriff des Compliance Managements von der US-Finanzbranche geprägt worden. Damals haben sich Unternehmen dazu verpflichtet, bestimmte Rahmenbedingungen und Systeme einzurichten, die dafür sorgen sollten, dass sich Führungskräfte und Mitarbeiter an gesetzliche Vorgaben gebunden fühlen.

Mit dem Begriff Compliance drückt sich generell die Rechtstreue eines Unternehmens aus. Im weiteren Sinn steht der Begriff für die Einführung eines Gesamtkonzepts in Unternehmen um sicherzustellen, dass das Handeln von Mitarbeitern maßgeblichen Rechtsvorschriften genügt. Zusätzlich verstärken weitere gesetzliche Vorschriften wie zum Beispiel die Richtlinien des Corporate Governance Kodex oder des Sarbanes Oxley Acts (US-Gesetz zur Regelung von Unternehmensberichterstattungen) den Umsetzungsdruck von Compliance in Unternehmen. Viele Unternehmen setzen daher darauf, Compliance Abteilungen in die Organisationsstruktur einzubinden, um die verschiedenen Anforderungen aus den gesetzlichen Regelungen entsprechend umsetzen zu können. (3), (5), (7), (9), (12), (13), (15)

Die Einführung von Compliance Systemen

Die Umsetzung von Compliance-Systemen kann unter mehreren Blickwinkeln betrachtet werden. Compliance-Systeme bzw. daraus resultierende Verhaltensrichtlinien werden häufig auch als Code of Conduct oder Code of Business Ethics bezeichnet. Das primäre Ziel solcher Systeme ist das Vermeiden von Haftungsfällen aufgrund von rechtlichen Verstößen, die durch Mitarbeiter verursacht werden können. Unternehmen werden dabei in der Regel nicht verurteilt, erhalten jedoch von Strafgerichten nach § 73 Strafgesetzbuch häufig Auflagen, alle im Zusammenhang mit dem Wirtschaftsdelikt zugeflossenen Gelder wieder herauszugeben. Die hierbei angefallenen Aufwände können von den Unternehmen nicht abgezogen werden.

Voraussetzung für die Wirksamkeit von Compliance Systemen ist grundsätzlich, dass die Unternehmensleitung in unmissverständlicher Form ihre Grundhaltung, dass Straftaten kein toleriertes Mittel zur Erreichung des Geschäftszweckes ist, zum

Ausdruck bringt. Ein solches Commitment der Unternehmensleitung und des Managements ist unabdingbar, um glaubhaft im gesamten Unternehmen ein Commitment herstellen zu können. [(1)](), [(3)](), [(5)](), [(7)](), [(9)](), [(11)]()

Die Durchführung von Compliance-Systemen erfordert neben dem Commitment von Führungskräften und Mitarbeitern auch das Einbinden weiterer Prozessbeteiligter. Hierzu gehören unter Anderem Betriebsräte. Auch die Realisierung von Whistleblower-Klauseln kann bei der Umsetzung der Compliance Richtlinien sinnvoll sein. Dies wird im Folgenden skizziert.

Umsetzung der Whistleblower-Klausel

Die Compliance Vorschriften sind zum Beispiel Teil des Sarbances Oxley Acts. Diese Vorschriften sind für US-Unternehmen verbindlich und gelten somit auch für deren Tochterunternehmen in Deutschland. Im Rahmen der Einführung von Compliance Systemen werden in der Regel Verhaltensrichtlinien eingeführt. Hierbei werden häufig so genannte Whistleblower-Klauseln umgesetzt. Danach sollen Mitarbeiter, die Kenntnis über einen rechtlichen Verstoß eines Mitarbeiters oder einer Führungskraft haben, diesen umgehend melden müssen.

Rechtlich gesehen befindet sich die Umsetzung der Whistleblowing-Klauseln in einer juristischen Grauzone. In Frankreich ist das Whistleblowing beispielsweise verboten. In Deutschland ist es rechtlich jedoch erlaubt. Das heißt, dass Mitarbeiter selbst keinen Gesetzesverstoß begehen, wenn sie einen rechtlichen Verstoß melden.

Wichtig ist es zudem, dass für Mitarbeiter die Anonymität gewahrt wird. So kann beispielsweise an die Interne Revision eines Unternehmens eine Abteilung geknüpft werden, die sich ausschließlich um solche Meldungen kümmert. Die Umsetzung kann über eine Hotline oder eine Emailadresse ohne Rückkopplungsmöglichkeit erfolgen. Dies sichert ein Mindestmaß an Anonymität. Denn: In den USA verlieren ca. 80 Prozent der Whistleblower ihren Job, wenn bekannt geworden ist, wer die Informationen weitergegeben hat. Dies liegt häufig daran, dass das Fehlverhalten einzelner Mitarbeiter oder Führungskräfte vielfach auch der Unternehmensleitung bekannt war.

In Deutschland besteht arbeitsvertraglich eine so genannte Nebenpflicht für den Arbeitnehmer. Das heißt, dass der Arbeitnehmer dazu verpflichtet ist, den Arbeitgeber über wesentliche Vorkommnisse im betrieblichen Geschehen zu informieren. Dies gilt vor allen Dingen dann, wenn es darum geht, Schäden für den Arbeitgeber zu verhindern. Diese Pflicht kann durch das Direktionsrecht verstärkt werden. Gerade die Einrichtung einer Compliance Hotline kann diese Pflichten und Rechte zusätzlich unterstützen. Im Zusammenhang mit diesen Vorgaben kann jedoch kein Mitarbeiter dazu verpflichtet werden, sich selbst zu bezichtigen bzw. jede Unredlichkeit von Kollegen zu melden.

Im Rahmen der Einführung von Whistleblower-Klauseln ist außerdem das Datenschutzrecht verstärkt zu beachten. Ein europäisches Gremium aus Datenschützern, der sog. Artikel-29-Arbeitsgruppe, konstatiert, dass Whistleblower-Hotlines nur dann mit den EU-Datenschutzregeln vereinbar sind, wenn sie sich auf Fragen der Rechnungslegung, Wirtschaftsprüfung und Korruptionsbekämpfung beschränken. Zudem sollte der Kreis der meldepflichtigen Mitarbeiter im Sinne ihrer Verantwortungstiefe begrenzt und nicht anonym sein. Insbesondere deutsche Tochterunternehmen amerikanischer Unternehmen, deren Whistleblower-Klauseln verbindlich vorgegeben sind, haben bezüglich des Datenschutzrechtes unter Umständen Probleme. Dies ist dann der Fall, wenn die Einrichtung der Whistleblower-Hotline technisch in den USA vorgenommen worden ist. Alle persönlichen

Daten auch deutscher Whistleblower werden dann ebenfalls gespeichert und weiterverarbeitet. (1), (10), (14)

Einbindung des Betriebsrats

Das Hessische Landesarbeitsgericht hat alle im Rahmen der Einführung von Compliance Systemen notwendigen Mitbestimmungsrechte von Betriebsräten geregelt. Grundsätzlich gilt nach dem Betriebsverfassungsgesetz, dass der Betriebsrat mitbestimmungspflichtig ist, wenn es um Regelungen zur Ordnung des Betriebes sowie des Verhaltens von Mitarbeitern geht. Regelungen, wie zum Beispiel die Whistleblower-Klausel, gelten bei Nichtanhörung des Betriebsrates als unwirksam. Die Anhörung des Betriebsrates bei Einführung von Compliance Systemen ist jedoch grundsätzlich zu befürworten, da neben den rechtlichen Vorgaben zur Anhörung von Betriebsräten eine solche Einbindung zusätzlich die Akzeptanz und das Commitment der Belegschaft für ein solches Compliance System erhöht. (1)

Besetzung eines Compliance-

Beauftragten

Das Risikomanagement eines Unternehmens ist darauf bedacht, etwaige Verstöße gegen rechtliche sowie unternehmenseigene Richtlinien aufzudecken und entsprechend zu ahnden. Daher ist es unabdingbar, dass das Risikomanagement eines Unternehmens rechtzeitig Vorkehrungen trifft, um diese Fälle zu verringern bzw. zu verhindern. Die Folgen von derartigen Verstößen können beispielsweise (Nach-) Zahlungen in höherem Umfang sein, die durch entsprechende Rückstellungen nicht gedeckt sind. So sind beispielsweise Nachzahlungen im Rahmen von Verstößen gegen lohnsteuerliche oder sozialversicherungsrechtliche Vorschriften nicht selten. Das Risikomanagement eines Unternehmens kann zur Identifizierung und Risikoeinschätzung von möglichen Verstößen ein Compliance Audit umsetzen. Dies ist zudem eine gute Ausgangssituation für einen so genannten Compliance Beauftragten. Der Compliance Beauftragte ist häufig Leiter oder Mitarbeiter der Rechts-, der Personalabteilung oder aus dem Bereich Investor Relations. (3), (6), (8), (14), (15)

Fallbeispiele

Der Konzern Daimler AG hat direkt unterhalb der Vorstandsebene die Position eines Chief Compliance Officers in die Organisation eingeführt. Mit der Schaffung dieser Stelle verfolgt Daimler das Ziel, die Kontrolle hinsichtlich einer ethisch einwandfreien Konzernführung effektiv umzusetzen. Zudem soll Korruption im Unternehmen nachhaltig bekämpft werden und es soll sichergestellt werden, dass die Umsetzung der geschäftlichen Prozesse nach gesetzlichen Vorschriften erfolgt. Die Stelle wird ab dem 1. März 2008 mit Gerd T. Becht besetzt. Becht leitet im Automobilkonzern Daimler die Rechtsabteilung und wird nun zusätzlich die 48 Mitarbeiter starke Compliance Organisation übernehmen. Hierzu gehören außerdem weitere 44 Compliance-Verantwortliche, die weltweit in den Tochtergesellschaften angesiedelt sind. (4)

Weiterführende Literatur

(1) Mitbestimmung bei Compliance-Richtlinien aus Arbeit und Arbeitsrecht, Heft 11/2007, S. 695-696

(2) Positiver Trend beschleunigt sich Jüngste Auswertung des Compliance Panels mit interessanten Ergebnissen

aus GoingPublic Magazin, Heft 9/2007, S. 46-49

(3) Handlungsempfehlungen für den Compliance-Beauftragten Compliance-Audit im Arbeitsrecht
aus Arbeit und Arbeitsrecht, Heft 9/2007, S. 520-524

(4) O.V., Daimler schafft neue Position eines Chief Compliance Officer, aktiencheck.de
aus Arbeit und Arbeitsrecht, Heft 9/2007, S. 520-524

(5) Viel Lärm um "EURO-SOX"
aus FINANCE - Der Markt für Unternehmen und Finanzen Heft 02 vom 25.01.2008, Seite 008

(6) Schutzbedürftig
aus FINANCE - Der Markt für Unternehmen und Finanzen Heft 11 vom 26.10.2007, Seite 044

(7) Aufwendungen und Einsparungen fallen in unterschiedlichen Bereichen an Unternehmen kalkulieren ihre Compliance-Kosten nicht korrekt
aus Computer Zeitung, Heft 42, 2007

(8) Deter, Henryk / Gremmler, Susanne, Compliance wandert zunehmend von der Rechtsabteilung zu Investor Relations, AG - Die Aktiengesellschaft, Heft 15/2007, S. R326
aus Computer Zeitung, Heft 42, 2007

(9) Compliance – wozu?
aus Finanz und Wirtschaft vom 21.07.2007, Seite 1

(10) Mit sauberer Weste werben

aus VDI NR. 19 VOM 11.05.2007 SEITE 23

(11) Von Compliance zu Best Practice (*)
aus Zeitschrift für Rechtspolitik, Heft 08/2006, S. 258

(12) Compliance Management?
aus Versicherungswirtschaft, 1.6.2006, 61.Jg., Nr. 11, S. 910

(13) Compliance in der Korruptionsprävention - was müssen, was sollen, was können die Unternehmen tun?
aus Betriebs Berater Heft 4/2007 Seite 165

(14) Compliance und arbeitsrechtliche Implementierung im Unternehmen - Fortsetzung des Beitrags "Compliance und Arbeitsrecht", xyxJL106yxyBB 2006, 2466xyxELyxy -
aus Betriebs Berater Heft 25/2007 Seite 1386

(15) Kommunikation und Krisenmanagement im Gefüge der Corporate Compliance-Organisation
aus Betriebs Berater Heft 31/2007 Seite 1629

Impressum

Umsetzung von Compliance Vorschriften - ist die Einführung einer Whistleblower-Hotline sinnvoll?

Bibliografische Information der deutschen Nationalbibliothek

Die Deutsche Nationalbibliothek verzeichnet diese Publikation in der deutschen Nationalbibliografie; detaillierte bibliografische Daten sind im Internet über http://dnb.d-nb.de abrufbar.

ISBN: 978-3-7379-0207-6

© 2015 GBI-Genios Deutsche Wirtschaftsdatenbank GmbH, Freischützstraße 96, 81927 München, www.genios.de

Alle Rechte vorbehalten. Dieses Werk ist einschließlich aller seiner Teile – z.B. Texte, Tabellen und Grafiken - urheberrechtlich geschützt. Jede Verwertung außerhalb der Grenzen des Urheberrechtsgesetzes bedarf der vorherigen Zustimmung des Verlags. Dies gilt insbesondere auch für auszugsweise Nachdrucke, fotomechanische Vervielfältigungen (Fotokopie/Mikroskopie), Übersetzungen, Auswertungen durch Datenbanken oder ähnliche Einrichtungen und die Einspeicherung und Verarbeitung in elektronischen Systemen.